BEI GRIN MACHT SICH IHR WISSEN BEZAHLT

AF144286

- Wir veröffentlichen Ihre Hausarbeit,
  Bachelor- und Masterarbeit

- Ihr eigenes eBook und Buch -
  weltweit in allen wichtigen Shops

- Verdienen Sie an jedem Verkauf

Jetzt bei www.GRIN.com hochladen und kostenlos publizieren

Juristische Ausbildung im Frühbyzantinischen Reich. Lehrstoff, Lehrpläne und Leitfiguren

Wolfgang Schator

Bibliografische Information der Deutschen Nationalbibliothek:

Die Deutsche Nationalbibliothek verzeichnet diese Publikation in der Deutschen Nationalbibliografie; detaillierte bibliografische Daten sind im Internet über http://dnb.d-nb.de abrufbar.

ISBN: 9783346489852
Dieses Buch ist auch als E-Book erhältlich.

Druck und Bindung: Books on Demand GmbH, Norderstedt Germany
Gedruckt auf säurefreiem Papier aus verantwortungsvollen Quellen

Das vorliegende Werk wurde sorgfältig erarbeitet. Dennoch übernehmen Autoren und Verlag für die Richtigkeit von Angaben, Hinweisen, Links und Ratschlägen sowie eventuelle Druckfehler keine Haftung.

Das Buch bei GRIN: https://www.grin.com/document/1073947

Kursarbeit

Institut für Geschichte

Abteilung für Geschichte Ost- und Südosteuropas

Titel der LV:	Quellenlektüre: Lehren und Lernen im Byzantinischen Reich

Aufgabenstellung:	**Juristische Ausbildung im Frühbyzantinischen Reich**
Verfasser:	Mag. Wolfgang SCHATOR
Abgabedatum:	01.10.2016
Abgegeben:	26.08.2016

Inhaltsverzeichnis

I. Prolog: Das Recht früher Hochkulturen und die Entwicklung eines juristischen Berufsbildes

Mit der Entwicklung der archaischen Kulturen hin zu den antiken Hochkulturen erfolgte neben der gesellschaftlichen Differenzierung auch ein Fortschritt in Richtung einer Positivierung von Rechtsordnungen. Das soziale Zusammenleben mit dem Aufschwung von Produktion, Handel und Besitz erforderte immer präzisere rechtliche Normen für die Verwaltung und für eine friedliche Streitbeilegung.[1]

Beginnend mit den Rechtsgelehrten der Frühklassik[2] wie Sabinus und Proculus waren es gerade die Juristen der klassischen Jurisprudenz wie Gaius oder Ulpian, die das Privatrecht zu einem wegweisenden Machtinstrument des römischen Imperiums gemacht haben.

Mit der Kodifikation von Gesetzestexten und der fachkundigen Auseinandersetzung war es den Juristen möglich, Tatfragen und Rechtsfragen zu trennen und so den Weg für die zivilrechtliche Teilung der Verfahrensschritte in „de iure" und „in iudicio" freizumachen.[3]

Die Rechtsentwicklung erfolgte in der vorklassischen Zeit durch die Prätoren einerseits und die Juristen auf der anderen Seite.

Das Berufsfeld der Juristen war das Verfassen von Klagen, die Errichtung von Geschäftsurkunden und die Erteilung von Rechtsgutachten. Das änderte sich in der Klassik hin zum Verfassen von Kommentaren zum Zivilrecht und den Edikten des Prätors, in Gutachtensammlungen (*responsa*) und systematischen Werken (*institutiones*).[4]

In der Nachklassik sinkt die Qualität der Rechtskultur, weil die freie Rechtswissenschaft durch den Machtanspruch der absoluten Monarchen extrem eingeschränkt wurde. Dadurch kommt es zu einer Vulgarisierung, weil an Stelle der Arbeitstechniken der klassischen Juristen die Vorstellungen von juristisch mangelhaft gebildeten Laien und Rechtslehrern traten. Dieser Vorgang setzte sich mit dem politischen Untergang des weströmischen Reiches fort.[5]

---

[1] Vgl. Niklas Luhmann, Rechtssoziologie[2], Opladen, 1983, 166.
[2] Anmerkung: die Bezeichnungen Vorklassik, Frühklassik und Nachklassik beziehen sich im folgenden auf den juridischen Sprachgebrauch.
[3] Ebd. 181.
[4] Georg Klingenberg, Römisches Recht[5], Linz, 2012, 3.
[5] Max Kaser, Römisches Privatrecht[14], München, 1986, 4, 6.

II. Quellenlage zu byzantinischen juristischen Schriften

Die Quellenlage zur byzantinischen Rechtspraxis gliedert sich in:

1. Urkunden, Formulare und Prozessprotokolle byzantinischer Rechtspraxis
2. Weltliche juristische Normen und Fachschriften sowie
3. Kirchenrechtliche Normen und Fachschriften.

Die Quellen zum weltlichen Recht unterteilen sich wiederum in die Normensammlung mit einem Umfang von 30 Sammlungen, die als Untergruppe auch die Kaisernovellen mit Generalnormen beinhalten. Als eigenständige Gruppe firmieren die kaiserlichen *responsa* und *decreta* (*lyseis* -*Λυσεις*), bei der jedoch anzumerken ist, dass deren Dichte in der mittelbyzantinischen Zeit spärlich und in der spätbyzantinischen Zeit der Bestand fast ganz in Verlust geraten ist. Die Kaiserurkunden erreichen im 10. Jahrhundert im weltlichen Recht den Höhepunkt, wohingegen im kanonischen Recht erst im 12. Jahrhundert ein starker Einbruch zu verzeichnen ist.[6]

III. Lehrstoff an der Universität - das Corpus iuris civilis

Kaiser Flavius Petrus Sabbatius Iustinianus (Justinian I.) beauftragte im Jahre 528 eine Expertenkommission unter der Leitung des Ministers Tribonianus (*quaestor sacri palatii*) mit der Sammlung eines monumentalen Gesetzgebungswerkes. Die Juristen sollten die klassische juristische Literatur kompilieren und zu einem Sammelwerk für die Rechtsschulen zusammenstellen. In den Jahren 531 bis 533 ergingen mehrere Gesetze zur Klärung alter Streitfragen und ein Auftrag zur Überarbeitung des ersten Codex. Tribonianus leitete auch die Überarbeitung und im Jahr 534 wurde der *codex repetitae praelectionis* promulgiert, der auch als einziger überliefert wurde.[7] Die Digesten enthielten nunmehr den gesammelten Rechtsbestand der klassischen Juristen und wurden neben den Institutionen zur Basis des Rechtsunterrichtes. Vom Kommentierungsverbot der Digesten waren wörtliche Übersetzungen (*κατὰ πόδα*) bzw. Sammlungen (*παράτιτλα*) von Parallelstellen ausgenommen. Trotzdem erschienen im Laufe der Zeit erläuternde Übersichten (*ἴνδικες*) und kommentierende Glossare (*παραγραφαί*) - siehe dazu s.v. f) Thalelaios.[8]

---

[6] Vgl. Johannes Karayannopulos, Günter Weiss, Quellenkunde zur Geschichte von Byzanz, 1. HB, Wiesbaden, 1982, 124ff.

[7] Vgl. Thomas Rüfner, Die justinianische Kodifikation, 2009, 2.

[8] Vgl. Otto Mazal, Handbuch der Byzantinistik, 142.

Besondere Bedeutung haben dabei die Institutionen des Gaius, weil diese in Form des *Codex Veronensis* als einzige authentische Handschrift der römischen Rechtswissenschaft erhalten geblieben sind.[9]

Das **Corpus iuris civilis** besteht aus 4 Teilen:

1. den Institutionen (I.), einer Art Lehrbuch für Anfänger unterteilt in *personae* (Personen- und Familienrecht), *res* (Vermögensrecht, Sachen-, Erb- und Schuldrecht) und *actiones* (Klagen und Zivilprozess im Privatrecht);

2. den Digesten (D.), mit den Sammlungen der klassischen Juristen (Frühklassik - Sabinus, Proculus, Labeo; Hochklassik - Gaius, Pomponius; Spätklassik - Ulpian, Aemilianus, Papinianus;

3. dem Codex Justinianus (C.), einer Sammlung der von verschiedenen Kaisern erlassenen Konstitutionen; dieser umfasst insgesamt 12 Bücher, die die Materie von Zivil-, Kirchen-, Straf- und Prozessrecht bis hin zu Verwaltungs- und Finanzrecht abdecken;

4. den Novellen (Nov.). Das sind die von Justinian nach Abschluss der Kodifikation noch erlassenen Kaisergesetze.[10]

IV. Die Universitäten Konstantinopel und Berytos, Lehrpläne der juristischen Ausbildung

Die römische Rechtsgeschichte durchläuft eine Entwicklung in mehreren Perioden, mit der auch das Berufsbild des Juristen korrespondiert. Bis zur klassischen Jurisprudenz bestand die Tätigkeit der Juristen in der Beratertätigkeit und Begutachtung von konkreten Rechtsfällen. Die Institutionen des Gaius - das Standardwerk der Klassik - entstanden in der Zeit um 160 n. Chr. und sind das einzige direkt überlieferte Werk. In der klassischen Zeit erfolgte keine schulmäßig abstrakt/theoretische Ausbildung, sondern eher in Hinblick auf die Lösung praktischer Fälle in Art einer Gutachtertätigkeit.[11]

---

[9] Vgl. Bernhard Kübler, RE VII,1, 1912, 494, s.v. Gaius.
[10] Vgl. Klingenberg, 2012, 4.
[11] Vgl. Kaser, 1986, 4.

In der Nachklassik, zur Zeit Konstantins des Großen (306 - 337), wird die hochpräzise und verfeinerte Denk- und Ausdrucksweise der Juristen von der Vulgarisierung verdrängt und diese fließt auch in die Reichsgesetzgebung ein. Mit dem Tod Theodosius des Großen im Jahr 395 und der Teilung in ein west- und oströmisches Reich entwickelt sich auch das Recht in beiden Reichshälften diametral auseinander.[12]

Rechtsschulen befanden sich in Berytos (Beirut), Athen, Antiochia, Carthago, Alexandria und Rom. Konstantinopel kam erst später dazu, war jedoch zusammen mit Berytos ein Garant für die Weiterentwicklung des überlieferten Rechtsbestandes.[13] Berytos wird in § 7 der *constitutio omnem* als hervorragend gelobt: *„in Berytensium pulcherrima civitate, quam et legum nutricem bene quis appellet."*

Das Curriculum im Frühbyzantinischen Reich

Die Universität von Konstantinopel war eine Einrichtung für die höhere Bildung, die an das Curriculum der enkyklios paideia *(ἐγκύκλιος παιδεία)* anschloss. Die erste fassbare Universität war jene von Kaiser Theodosius II. (425), die von der Universität Kaiser Konstantins abgelöst wurde. Die Universität von Kaiser Bardas, die Schule von Magnaura, unterscheidet sich nach Struktur und Curriculum nicht wesentlich von regulären weiterbildenden Schulen.[14]

Justinian schloss alle Rechtsschulen bis auf Rom, Berytos und Konstantinopel. Die nun staatlich angestellten Rechtslehrer, vermutlich je vier in Konstantinopel und Berytos bekamen ein Gehalt und deswegen war ihnen auch die Abhaltung von Privatunterricht untersagt.[15]

Sowohl in Beirut als auch in Konstantinopel galt ein fünfjähriger Studienplan, wobei Beirut älter als Konstantinopel war und den qualitativ höheren Unterricht anbot.
Das Studienjahr dauerte vor 533 von September bis Juni. Der Unterricht fand von Montag bis Freitag nachmittags statt. Der Vormittag war dem Selbststudium gewidmet, während die

---

[12] Vgl. Kaser, 1986, 4f.
[13] Vgl. Bernhard Kübler, RE A, I, 1, 1914, 398, s.v. Rechtsschulen.
[14] Vgl. Alexander P. Kazhdan, ODB III, 1991, 2143, s.v. University of Constantinople.
[15] Vgl. Kübler, 400f.

Professoren Sprechstunden abhielten. An diesem Modus hat sich nach der Kodifikation nichts geändert.[16]

Einen Einblick in den Ablauf des Unterrichts gibt uns der Papyrus der *scholia sinaitica*. Gelehrt wurde anhand von Texten und Beispielen. Zentrale Passagen wurden in Exegesen (ἐξήγησεις) erläutert. Die Schüler wurden vom Professor zum Lösen von Rechtsfällen hingeführt. Es wurden Kapitel (κεφάλαια) besprochen und versucht, allgemeine Regeln auszuarbeiten (κανονίζειν). In mehreren Handschriften sind die Unterrichtsformen dargestellt.[17] Überliefert sind in Vorlesungsmitschriften festgehaltene Kommentare zu vorgetragenen *leges* in Form eines rhetorisch-didaktischen Schüler-Lehrer-Diskurses (ἐρωταποκρίσεις).[18]

Der Studienplan ist in der *constitutio omnem* niedergeschrieben. Die ersten Jahre werden von Lehrern geleitet. § 2 der *constitutio omnem* hebt neben Tribonianus besonders Theophilos und Dorotheos als redegewandte Professoren (*facundissimos antecessores*) hervor.

Im ersten Jahr erfolgte der Einstieg in die Ausbildung mit dem Studium der Institutionen, die auf denen des Gaius und anderer Autoren inklusive Neuerungen Justinians aufbauten. Im zweiten Semester wurden die ersten vier Bücher der Digesten (Πρῶτα) behandelt. Das war eine Einführung mit Rechtsphilosophie, Rechtsgeschichte, Rechtsquellenlehre und Staats- und Verwaltungsrecht.[19] Ein Buch (*liber*) war vorerst eine Buchrolle mit einem Umfang von ca. 30-40 Druckseiten. Man ist erst in der Spätantike dazu übergegangen, die Rollen auf einzelne Blätter zu kopieren und zu binden.

Das zweite Studienjahr begann mit der Fortsetzung des Ediktstoffes, das sind die Bücher 5-11 bzw. 12-19 und setzt danach mit den Bereichen Mitgift-, Vormundschafts-, Testaments- und Vermächtnisrecht in den Büchern 23, 26, 28 und 30 der justinianischen Digesten (vierter und fünfter Abschnitt) fort. Die Bücher des sechsten und siebenten Abschnittes mit Strafrecht, Verwaltungs- und Abgabenrecht sowie zivilprozessuales Vollstreckungsrecht sollten die Studenten im Selbststudium erarbeiten.[20] Studenten wurden in dieser Phase *edictales* genannt.[21]

---

[16] Vgl. Liebs, Juristenausbildung in der Spätantike, 2.
[17] Vgl. Liebs, 11.
[18] Vgl. Peter E. Pieler, Rechtsliteratur, in: Herbert Hunger, Die hochsprachliche profane Literatur der Byzantiner, HAW V, 2, München, 1978, 406.
[19] Vgl. Liebs, 37.
[20] Vgl. ebd. 37.
[21] § 2 constitutio omnem: „[...]*nostrum* nomen mereant, quia ilico tradendum eis est primum volumen, quod nobis emanavit auctoribus."

Im dritten Studienjahr behandelte man die Jurisdiktionsedikte anhand der justinianischen Digesten (Bücher 12-19 mit vertraglichem Schuldrecht, sowie Bücher 5-11 mit Gerichtsverfassung, Zivilprozess- und Sachenrecht). Das sechste Semester diente mit den Büchern 20-22 (Hypotheken, Sach/Rechtsmängel, Verzinsung, Beweis und Irrtum) der Vertiefung des Wissens. Die Studenten trugen nun den Spitznamen *papinianistae*.[22]

Das vierte Studienjahr führte den Stoff des sechsten Semesters in Form des vierten und fünften Abschnittes der justinianischen Digesten fort und behandelte das Mitgift-, Vormundschafts-, Testaments- und Vermächtnisrecht erschöpfender. Die Rechtsgebiete der zivilrechtlichen Vollstreckung, des Strafrechts und Strafvollstreckung sowie des Verwaltungs- und Abgabenrechts sollten die Studenten bei Bedarf später studieren. Nach Abschluss des vorletzten Jahres hießen die Studenten Λύται (Löser).[23]

Im fünften Jahr wurden die Studenten Πρόλυται (fortgeschrittene Löser) genannt, und das letzte Jahr war dem Studium des Codex Iustinianus gewidmet, der sämtliche Rechtsgebiete und zusätzlich noch Strafrecht, spätantikes Wirtschafts- und Verwaltungsrecht sowie Kirchenrecht umfasste.[24] Die Studenten sollten den Codex, so wie er vorgetragen wurde, gründlich studieren.[25]

Der Abschluss der Studien erfolgte mit einem Zeugnis, worin die Lehrer bescheinigten, der Student sei „ausreichend juristisch" gebildet. Es war Voraussetzung für die Bewerbung für zahlreiche kaiserliche Ämter, wie z.B. für das Amt des Sekretärs für Bittschriften (*procurator a libellis*) oder für die Beisitzer bei den rechtsunkundigen Magistraten. Das Jusstudium ermöglichte begabten jungen Männern aus einfachen Verhältnissen einen rasanten gesellschaftlichen Aufstieg. Der Nachweis des Studiums war daneben auch für die Zulassung am wichtigsten Gericht in Konstantinopel - dem Gericht des Präfekten des Ostens - erforderlich.[26]

---

[22] Vgl. Liebs, 38.
[23] Vgl. ebd. 38; § 5 constitutio omnem.
[24] Vgl. Liebs, 38.
[25] Vgl. § 5 constitutio omnem: „[...] metas constitutionem codicem tam legere quam suptiliter intellegere studeant, [...]"
[26] Vgl. Liebs, 39f.

V. Gaius - Ulpian als Leitfiguren der juristischen Ausbildung und berühmte Juristen im Byzantinischen Reich

a) Gaius

Sein Werk galt über Jahrhunderte als verloren, bis 1816 auf einem Palimpsest in Verona (*codex rescriptus Veronensis*) die Institutionen wiederentdeckt wurden.[27] Die Institutionen sind also im Original und einem westgotischen Auszug erhalten.[28] Nach einer kurzen Übersicht werden die Rechtsgebiete in *personae* (I. Buch), *res* (II. und III. Buch) sowie *actiones* (IV. Buch) unterteilt.[29] Die Institutionen waren wegen der qualitativ hochstehenden Sprache und des besonderen Stiles hoch geschätzt. Gaius war ein Stilist der lateinischen Sprache von höchster Güte und erfuhr von Justinian eine besondere Wertschätzung.[30] Einzug in die Rechtsschulen haben sie jedoch erst mit dem Zitiergesetz Valentinians III. um 426 gehalten (Cod. Theod. I, 4, 3) und Gaius tritt als Vierter zu den Koryphäen Papinianus, Ulpianus und Paulus hinzu.[31] Die ungekürzte Version der Institutionen bildete den Grundstock für den juristischen Anfangsunterricht.

Das Institutionensystem prägt nachfolgende kontinentaleuropäische Kodifikationen wie das Allgemeine Bürgerliche Gesetzbuch (Pandektensystem), das deutsche BGB, den französischen Code Civil oder den italienischen Codice Civile.

b) Domitius Ulpianus

Er wurde nach eigenen Angaben in Tyros geboren und um 223 in Rom von Praetorianern ermordet. Ulpian leitete unter Caracalla die Kanzlei *a libellis*, stieg unter Severus Alexander bald zum *praefectus praetorio* und einflussreichsten Mann im Imperium auf.[32] Durch seine juristische und literarische Brillianz sowie seine imperiale Ausrichtung wurde er zu einem beliebten Juristen der Kaiserzeit. Seine Digesten wurden zum Grundgerüst der justinianischen Digesten.[33]

Als Jurist begutachtete er Rechtsfragen und unterwies als Rechtslehrer auch Schüler. Es wird auch nicht ausgeschlossen, dass er bei seinem Aufenthalt in entfernteren Provinzen ebenfalls als Rechtslehrer tätig war.[34] Zu seinen Werken zählen Kommentare, Elementarbücher, Monographien

---

[27] Vgl. Bernhard Kübler, RE VII, 1, 1910, 494, s.v. Gaius.
[28] ebd. 494, Pkt III.
[29] Vgl. ebd. 495f.
[30] Vgl. Kübler, 1912, 500.
[31] Vgl. ebd. 503.
[32] Vgl. Paul Jörs, RE V, 1905, 1437, s.v. Domitius.
[33] Vgl. Tomasz Giaro, DNP, 12/1, 981, s.v. Ulpianus.
[34] Vgl. Jörs, 1905, 1438f.

und Schriften über die Amtspflichten der Behörden.[35] Für seine Kommentare (die umfangreichsten

sind dabei *ad Edictum* bzw. *ad Sabinum*) hat Ulpian die Schriften von anderen Autoren in

unterschiedlichem Maß herangezogen, er verwendete jedoch die Digesten des Celsus, Julian oder

Marcellus sowie die Quaestionen und Responsen Papinians als Hauptquellen.[36]

c) Tribonianus (Τριβωνιανός)

Von ihm ist lediglich ein ungefähres Sterbedatum um 542 bekannt. Er war ein enger Vertrauter

Kaiser Justinians und Leiter der Kodifikationskommission. Zunächst war er Anwalt am höchsten

Gericht (*praefecti praetorio*) und wurde im Jahre 529 *quaestor sacri palatii*.[37] Es wird vermutet,

dass er sich im Zuge des Verfassens von Werken über Consuln und Herrscher begann, sich mit der

Reichsverwaltung und der Rechtspflege zu beschäftigen. Die *constitutio tanta/Δέδωκεν* ist in beiden

Sprachen verfasst, wobei es jedoch erwiesen ist, dass das Original ein griechischer Text war, der ins

Lateinische übersetzt wurde.[38] Man kann annehmen, dass er einen wesentlichen Einfluss bei der

Umsetzung der kaiserlichen Absichten hatte.

Bei seinen Digesten und Konstitutionen versuchten Autoren über Jahrhunderte Interpolationen

(Einfügungen in die Texte der klassischen Autoren) herauszufiltern und die Verdienste zu

schmälern. Die Novellen weisen im Gegensatz dazu einen sehr ausladenden Stil auf. Bei der

Kodifikation von Gesetzen muss man sich immer entscheiden, den Text entweder kurz und prägnant

oder langatmig und auf Einzelheiten eingehend zu halten. Tribonianus hat sich letzterem

verschrieben und die Novellen zu sehr vertieft.[39]

d) Theophilos (Θεόφιλος)

Er war Professor (*antecessor*) in Konstantinopel und als Mitglied der Kommission von vier

Professoren und zehn Advokaten (παράκλητος) an der Ausarbeitung des Codex und der Institutionen

maßgeblich beteiligt.[40] Mit großer Wahrscheinlichkeit wird angenommen, dass er einen Index zu

den Digesten verfasst hat, der nicht erhalten geblieben ist, bzw. dass er Vorlesungen gehalten hat,

die sich über die vier *libri singulares* erstreckt haben könnten.[41]

---

35 Vgl. Jörs, 1439ff, (Pkt III.).
36 Vgl. Jörs, 1455.
37 Vgl. Bernhard Kübler, RE A, V, 1, 1934, 2419, s.v. Tribonianus.
38 Vgl. Ebd. 2421f.
39 Vgl. Ebd. 2625f.
40 Vgl. Bernhard Kübler, RE A, V, 1, 1934, 2138, s.v. Theophilos (Pkt 14).
41 Vgl. Ebd. 2140f.

Er war jedoch im Gegensatz zu Dorotheos nur an der Arbeit zum ersten Codex beteiligt. In der Wissenschaft besteht ein heftiger Streit über die Frage, ob er Verfasser einer Paraphrase zu den Institutionen ist oder nicht, wobei die Mehrheit der Forscher die Urheberschaft als erwiesen ansieht.[42]

e) Dorotheus (Δωρόθεος)

Dieser war ein weiteres Kommissionsmitglied und Professor an der Rechtsschule von Berytos. Er arbeitete besonders an den Digesten, den Institutionen und am jüngeren Codex mit. Er verfasste einen Index auf Griechisch zum lateinischen Text des justinianischen Rechts, deren Fragmente später als Scholien (σχόλιον) der Basiliken (τὰ βασιλικά - Königliches Recht - 60 Bücher) Leons VI. des Weisen im 9. Jahrhundert erhalten blieben.[43] Der Hintergrund für sein Werk war die Notwendigkeit einer Erläuterung, weil die Anwendung des Corpus Iuris Civilis wegen des allmählichen Wandels im Sprachgebrauch vom Lateinischen zum Griechischen immer problematischer wurde.

f) Thalelaios (Θαλέλαιος)

Er war Rechtsgelehrter an der Rechtsschule von Berytos und der bedeutendste von vier Kommentatoren des *Codex Justinianus,* mit dem Ehrentitel „Κωδικευτής". Er wird in der *constitutio omnem* als *antecessor* bezeichnet.[44] Die Kommentierung entsprach zwar eindeutig dem kaiserlichen Kommentierungsverbotes in § 21 der *constitutio tanta/Δέδωκεν: „...ut nemo [...] audeat commentarios isdem legibus adnectere:"*[45] Der Grund für die anscheinende Duldung der Vorgehensweise war darin zu sehen, dass die griechischen Richter die meist lateinisch abgefassten Constitutionen nur mangelhaft verstanden und in der Ausnahme hinsichtlich einer strikten wörtlichen Übersetzung.[46] Teile seines Kommentars sind in den Basilika und in den Scholien eingearbeitet worden. Weitere Fragmente findet man z.B. in der Synopsis oder der Veroneser Handschrift.[47]

---

[42] Vgl. Kübler, 2142-2144.
[43] Vgl. Jörs, RE V, 1905, 1572 - 1573, s.v. Dorotheos.
[44] Vgl Kübler, RE A, V, 1, 1934, 1208, s.v. Thalelaios.
[45] constitutio tanta § 21: *...in graecam vocem transformare sub eodem ordine eaque consequentia [...] (hoc quod Graeci κατὰ πόδα dicunt).*
[46] Vgl Kübler, 1934, 1209.
[47] Vgl ebd. 1210.

VI. Epilog

Die Gründung einer Hochschule durch Glossatoren in Bologna im 12. Jahrhundert stellte den Wendepunkt in der universitären Entwicklung in Europa dar und ist als Keimzelle der modernen Universität anzusehen.[48]

Rückblickend betrachtet haben Juristen und Hochschulen des antiken Rom und des mittelalterlichen Byzanz den Grundstein für die Verfassungs-, Straf- und Zivilgerichtsbarkeit der Neuzeit gelegt.

---

[48] Vgl. Stephan Meder, Rechtsgeschichte[5], Köln, 2014, 21.

VII. Quellen- und Literaturverzeichnis

a) Quellen:

Corpus Iuris Civilis,

Constitutio Omnem,

Constitutio Tanta,

    Url: http://droitromain.upmf-grenoble.fr/corpjurciv.htm [2.5.2016]

Johannes Karayannopulos, Günter Weiss, Quellenkunde zur Geschichte von Byzanz, 1. HB, Wiesbaden 1982, 124ff.

b) Lexika:

Tomasz Giaro, DNP 12/1, 2002, 980-981, s.v. Ulpianus.

Paul Jörs,   RE V, 1905, 1436-1510, s.v. Domitius.
           RE V, 1905, 1572-1573, s.v. Dorotheos.

Bernhard Kübler, RE VII, 1, 1912, 489-508, s.v. Gaius.
            RE A, V, 1, 1934, 1208-1210, s.v. Thalelaios.
            RE A, V, 1, 1934, 2138-2148, s.v. Theophilos.
            RE A, V, 1, 1934, 2419-2626, s.v. Tribonianus.

Alexander P. Kazhdan, ODB III, 1991, 2143, s.v. University of Constantinopel.

c) Aufsatz in Sammelband:

Detlef Liebs, Juristenausbildung in der Spätantike, in: Christian Baldus (Hg), Juristenausbildung in Tradition und Reform, Tübingen 2008, 31-45.

Detlef Liebs, Esoterische römische Rechtsliteratur vor Justinian, in: Rolf Lieberwirt (Hg), Akten des 36. Deutschen Rechtshistorikertages, Baden-Baden 2008, 40- 79.

d) Handbücher:

Otto Mazal, Handbuch der Byzantinistik, Die hochsprachliche profane Literatur (Rechtsliteratur) Graz 1989, 141-143.

Peter E. Pieler, Rechtsliteratur, in: Herbert Hunger, Die hochsprachliche profane Literatur der Byzantiner, HAW V, 2, München 1978, 334-469.

e) Monographien:

Herbert Hausmaninger/Richard Gamauf, Casebook zum römischen Sachenrecht, Linz 2011.

Max Kaser, Römische Privatrecht, München 1986.

Georg Klingenberg, Römisches Recht, Linz 2012.

Niklas Luhmann, Rechtssoziologie, Opladen 1983.

Stephan Meder, Rechtsgeschichte[5], Köln 2014.

f: Online-Medien:

Thomas Rüfner, Die justinianische Kodifikation, in: Vorlesung Römische Rechtsgeschichte, Trier, 2009, 2. Online im Internet: URl: http://ius-romanum.uni-trier.de/index.php?id=22848 [Stand 5.1.2016]

VIII. Abkürzungsverzeichnis

DNP	Der Neue Pauly
Ebd	ebendort
ODB	Oxford Dictionary of Byzantinistik
HAW	Handbuch der Altertumswissenschaften
HG	Herausgeber
RE	Pauly's Realenzyklopädie
s.v.	sub voce
Vgl.	Vergleiche
z.B.	zum Beispiel